# LETTRE

## D'UN JÉSUITE DE ROME

## A M. BELLART,

CONSEILLER D'ÉTAT ET PROCUREUR-GÉNÉRAL PRÈS LA COUR ROYALE DE PARIS,

A L'OCCASION

DE SON RÉQUISITOIRE CONTRE LE CONSTITUTIONNEL
ET LE COURRIER FRANÇAIS.

PUBLIÉE PAR M. A. S.

*Qu'importe de quel bras Dieu daigne se servir?*

PARIS,

CHEZ LES MARCHANDS DE NOUVEAUTÉS.
1825.

# AVIS DE L'ÉDITEUR.

Il importe peu au public de savoir comment cette Lettre m'est tombée entre les mains avant d'être parvenue à son adresse; aussi je lui épargne les détails de cette découverte. Quiconque la lira avec attention, ne pourra s'y méprendre : car si le style fait connaître l'homme, comme l'a dit Buffon, il n'y a qu'un Jésuite qui ait pu écrire une pareille Lettre.

# A. M. D. G.

Y pensez-vous, M. Bellart, de vous ériger en maître dans Israël? Quel mauvais génie vous a dicté ce Réquisitoire que les bons esprits regardent comme un tissu de doctrines incohérentes? Est-ce là ce qu'on attendait de votre zèle? La Religion, loin d'applaudir à votre entreprise, ne regrette-t-elle pas qu'elle vous ait été confiée? ne gémit-elle pas d'avoir remis ses intérêts les plus chers à celui qui vient de la rendre suspecte à ses ennemis? Ce Réquisitoire, qui aurait dû être pour les impies ce que fut la flamme du ciel pour la ville de Sodome, ne va-t-il pas leur prêter des armes, et n'aurons-nous pas l'inconsolable douleur de les voir triompher d'une cause que vous leur avez suscitée au nom du ciel?

Ces paroles vous surprendront peut-être de la part d'un membre de la Compagnie de Jésus; mais, croyez-moi, Monsieur, c'est la plus exacte vérité. J'ai lu votre Réquisitoire avec une attention scrupuleuse, et plus j'ai réfléchi à ce qu'il contient, plus je me suis senti ému d'une sainte indignation. Il avait bien raison, notre illustre général, lorsqu'il en interdit l'introduction dans nos colléges, et qu'il conçut de sa publication une tristesse profonde. En vain le clergé nombreux, et les moines, plus nombreux encore qui peuplent cette capitale du monde chrétien, avaient fait retentir les airs de leurs joyeuses acclamations, et avaient proclamé M. Bellart comme le plus intrépide athlète du christianisme; en vain, pour célébrer votre acte, qu'on disait héroïque, ils avaient obtenu que les échos du Tibre retentissent pendant huit jours des salves d'artillerie du château Saint-Ange; notre général n'a jamais voulu prendre part à ces fêtes, et pendant tout ce temps il s'est livré à de pénibles réflexions. Du moins, si dans votre œuvre imparfaite, si dans ce bizarre mélange de vérités et d'erreurs dont elle est composée, vous n'aviez pas commis une faute énorme; si vous n'aviez pas oublié dans votre Réquisitoire ce qui devait en faire la partie essentielle, il vous aurait facilement pardonné le reste; mais son indignation est à son comble, de voir que dans la longue énumération des griefs que vous reprochez au *Constitutionnel* et au *Courrier Français*, vous ayez passé sous silence les indécentes attaques de ces journaux contre notre Compagnie. Il valait bien la peine de préconiser les Franciscains; les Trapistes, voire même les Ignorantins, ces enfans perdus du monachisme; si vous deviez omettre les véritables offensés! Comment vous tirerez-vous d'embarras dans cette cause, si vous ne commencez par vous déclarer le défenseur des Jésuites? Refuser de vous mettre en si beau chemin, c'est vous exposer, malgré vos phrases romantiques, à ne pas porter la persua-

sion dans l'esprit de vos juges. Le nom seul de
Jésuite, dont vous feriez retentir le sanctuaire de
Thémis, glacerait tellement de crainte vos adversaires, qu'ils se livreraient à vous sans défense.
Et ce nom qui réveille tant d'heureux souvenirs,
tant de triomphes, tant d'actions généreuses,
vous auriez craint d'en souiller votre bouche!
ou bien auriez-vous craint de trop fronder l'o-
pinion de quelques individus, qui osent encore
se déchaîner contre nous? s'il en était ainsi,
M. Bellart, outre que vos craintes seraient chi-
mériques, elles seraient encore bien criminelles.
Sachez qu'aucunes clameurs ne peuvent nous
intimider, et que notre pouvoir est assez fort,
pour n'avoir rien à redouter de nos envieux :
exister et avoir de l'autorité est pour nous une
seule et même chose. Quelle est, en effet, la
société d'hommes frappée des deux glaives et
chassée de tous les royaumes, qui sache se re-
constituer comme nous, malgré les obstacles
qu'on nous oppose?

Seriez-vous, par hasard, du nombre de ces
personnes qui ne croient pas à notre résurrection, et qui gémissent dans l'amertume de leur
cœur, de ce que les traits acérés des deux journaux n'ont été lancés que sur de vains fantômes?
alors votre ignorance affaiblirait votre faute, et
l'on vous devrait même des encouragemens.
Oui, M. Bellart, si l'oubli que je vous ai repro-
ché n'est pas volontaire, nous vous le pardonnons
de bien bon cœur, pourvu que le zèle qui vous

anime aille toujours croissant, et qu'avec le temps vous deveniez un instrument utile pour l'exécution de nos grands desseins.

Notre mission en ce moment est de propager l'ultramontanisme, de lui faire prendre racine dans les États, afin qu'il y porte de salutaires fruits. Et quel royaume, plus que la France, a des droits à ce bienfait ? Hormis quelques boutades de circonstance, les Jésuites, dans tous les temps, n'y ont-ils pas rencontré une généreuse protection ? A la vérité notre reconnaissance n'a pas eu de bornes, puisque nous avons ouvert les portes du ciel à un de ses rois avant l'heure marquée pour son trépas, et qu'il n'a pas tenu à notre Compagnie que ses descendans obtinssent le même avantage. Aujourd'hui même, tandis que l'enfer trouve dans les journaux que vous attaquez des satellites infatigables, nos partisans ne craignent pas de nous y proclamer comme les seuls architectes capables de rétablir dans leurs anciennes bases les divers États qui chancellent. Nommer MM. de Bonald, de Lamennais, Genoude, O Mahoni, etc., c'est désigner des noms à jamais mémorables dans les fastes du jésuitisme, des noms qui hurlent d'effroi chaque fois qu'ils se rencontrent avec une seule idée libérale. Et ces gloses de leurs ouvrages, si éloquemment pérorées dans les séminaires, et si habilement inculquées dans l'esprit des jeunes lévites du sanctuaire, n'attestent-elles pas que la France sent le besoin du jésuitisme pour se restaurer ?

et ces bréviaires récités avec ferveur, dont les légendes ont été inspirées par le plus ardent ultramontanisme ; et ces mandemens lancés avec impunité par de hauts personnages, dans lesquels les législations modernes sont saintement outragées et nos théories courageusement expliquées ; et ces thèses soutenues publiquement sous les antiques voûtes de la Sorbonne, où l'on préconise le zèle du fameux saint Hildebrand pour déposer les rois et disposer de leurs couronnes ; et ces refus de sépulture aux personnes que nous soupçonnons d'être entichées de jansénisme ou de philosophie, qui se multiplient d'une manière prodigieuse, et qui rappellent la glorieuse époque de Christophe de Beaumont ; et cette histoire ecclésiastique de l'abbé Fleury, que l'on anathématise partout, pour y substituer celle de notre digne collègue Berault-Bercastel ; et ces journaux à notre solde, qui rivalisent de zèle pour nous servir, et dont les colonnes retentissent journellement de nos éloges ; et ces curés trop obstinés dans leurs préjugés d'antique discipline, que l'on frappe d'une éternelle interdiction, sans qu'ils puissent s'en plaindre ; et ces conseils-généraux de département, qui nous appellent de tous leurs vœux pour nous mettre en possession des colléges de l'Université ; et la congrégation dont on parle tant à Paris ; mais dont on connaît peu les ramifications et l'action puissante ; et ces lois énergiques que nous faisons proposer et adopter à vos Chambres, malgré l'opposition de quelques ennemis de l'ordre : car, soit dit entre nous, l'Église peut avoir eu ses raisons, quand elle a proclamé son horreur pour l'effusion du sang humain; mais nous, Jésuites, nous ne sommes pas l'Église, quoique nous prétendions la gouverner; et, par une adroite direction d'intention, nous ne voyons dans ces lois de mort que de pieux holocaustes, que de saintes et salutaires rigueurs, ainsi que l'a exprimé avec tant de justesse M. Laurentie, notre cher protégé. Toutes ces choses, M. Bellart, doivent vous convaincre, que si les membres de notre Compagnie n'honorent pas tous les lieux de leur auguste présence, nous y sommes du moins par l'influence que nous y exerçons.

Cependant, vous ne devriez pas ignorer que la France possède déjà plusieurs établissemens sous les lois de notre *institut*. Le manteau dont nous avait revêtu notre saint fondateur, et qui servait à nous distinguer des prêtres du siècle, nous ne le portons plus, il est vrai; mais vous auriez dû nous reconnaître à d'autres marques extérieures, qui caractérisent les enfans de Loyola. Que nous importe la forme de l'habit, puisque ce n'est pas lui qui fait ce que nous sommes? Ne prendrions-nous pas sans scrupule celui de M. Tartufe, s'il pouvait contribuer à la gloire de notre Compagnie?

Apprenez donc, M. Bellart, que nous avons une fort belle maison à Paris même, dans la rue de Sèvres; aux barrières de cette capitale, dans le village de Mont-Rouge, si renommé depuis que nous y sommes établis ; à St.-Acheul, où quinze cents pensionnaires reçoivent les principes d'une éducation vraiment religieuse et monarchique ; à Aix. où nous nous sommes emparés du petit séminaire, que dirigeait, à la vérité, un homme vénérable, mais dont les opinions avaient trop de rapport avec celles de ce malheureux siècle ; à Forcalquier, où nous dirigeons également le petit séminaire, quoiqu'il soit sans séminariste ; chose dont nous nous soucions fort peu, quand les élèves d'une autre espèce ne nous manquent pas. Vous me demanderez peut-être, si l'Université de France nous a autorisés pour l'enseignement des humanités ; mais cette question faite à un jésuite le fait sourire de pitié, et M. le grand-maître lui-même, si on la lui adressait, serait forcé de hausser les épaules et de nous venger de cette impertinence. Se vanterait-il d'avoir un jour le chapeau de cardinal, s'il ne s'était réconcilié avec nous, s'il ne préparait pas les ressorts de sa politique dans les nuages de notre puissance ?

Je ne vous dirai rien de Rome, où depuis le second règne de Pie VII d'heureuse mémoire, nous avons établi le quartier-général de notre Compagnie ; mais je vous parlerai de ce bon pays helvétique, dont la ferveur républicaine se ralentit tous les jours depuis que nos pères en peuvent faire le théâtre de leurs exploits ! De l'Autriche, où nous luttons avec avantage,

contre le clergé qui nous repousse et le gouver-
nement qui nous hait! De l'Angleterre, où nous
avons acquis un riche terrain, et où nous nous
formons des créatures, jusque dans les rangs de
ces orgueilleux lords, jadis si prévenus contre
nous! De l'Irlande, où nous assurons le bonheur
du peuple, par nos éloquentes philippiques! Du
Portugal, où malgré les lois portées contre notre
société, nous nous présentons avec confiance,
et faisons proclamer des mandemens d'une
énergie toute nouvelle! De l'Espagne enfin,
pays favorisé du ciel, où le timon des affaires
publiques nous est sagement confié, et où le
peuple à qui nous accordons du pain, sans nous
inquiéter de sa régénération intellectuelle, vou-
drait nous élever des autels !

Après cet exposé de notre influence dans les
divers états de la chrétienté, vous devez être
tout confus, M. Bellart, de l'avoir méconnue;
mais encore une fois, nous vous le pardonnons,
si vous nous promettez de lancer à l'avenir, au-
tant de Réquisitoires, que nous avions coutume
de lancer de lettres de cachet, à l'âge d'or de
notre Compagnie.

Mais pour entretenir votre ferveur naissante,
pour seconder le louable zèle qui vous anime,
souffrez que je vous suggère quelques moyens de
défense, dont vous pourrez utilement vous servir devant la Cour royale, contre les énergu-
mènes que vous y combattrez. Un des plus sûrs
moyens, pour obtenir leur condamnation, c'est

de démasquer leur hypocrisie, d'exposer à nu
tout l'odieux de leur caractère, et les preuves
pourraient-elles vous manquer? Combien de fois,
leur bouche profane a fait l'éloge d'une religion
qu'ils blasphèment continuellement dans leur
cœur! N'ont-ils pas parlé de l'Evangile comme
du meilleur livre qu'on doive mettre entre les
mains du peuple? Comme si le peuple devait
recevoir l'instruction, autrement que par notre
moyen! Ils louent à outrance cet Evangile, ils
préconisent la doctrine qu'il contient, mais
cette admiration ne viendrait-elle pas de ce
qu'ils y trouvent consacrés les principes de liberté et d'égalité parmi les hommes? Voilà,
certes, une hypocrisie bien raffinée! Rousseau
aussi avait fait un pompeux éloge de l'Evangile,
mais fut-il sous le ciel un plus grand hypocrite
que le citoyen de Genève?

Partout l'on rencontre des traces de l'hypocrisie des deux journaux. Tantôt c'est dans les
flagorneries qu'ils prodiguent aux prêtres de
campagne, aux dépens des prélats si fidèles
à la résidence; tantôt c'est dans les louanges
qu'ils adressent à un archevêque, que nous
avons forcé naguère de prendre le chemin de
Rome, malgré les ardeurs de la canicule, pour
le faire renoncer à ses prétentions absurdes sur
nos établissemens du diocèse de Paris. N'est-
ce pas jouer encore le rôle odieux d'hypocrite,
quand ils nous rappellent insolemment que
notre royaume n'est pas de ce monde, et que

nous devons élever nos pensées uniquement vers le ciel? comme si c'était régner, que de flatter les inclinations des grands, subjuguer le bas peuple par l'ascendant de nos vertus, captiver la bienveillance des ames charitables et particulièrement des jeunes veuves, et avec tout cela, laisser les Rois se repaître tranquillement de leurs titres honorifiques ! Il arrive souvent que le ciel fait éclater sa fureur sur des villes coupables, en permettant qu'elles deviennent la proie des flammes ou de toute autre dévastation ; alors il est du devoir de tout vrai croyant, d'adorer en silence la volonté divine, et d'avoir en horreur les malheureux dont le front est ainsi sillonné de la colère céleste. En agissent-ils ainsi les rédacteurs des deux journaux ? Au contraire, ils mettent tout en mouvement pour annuler les décrets du ciel, et, nouveaux Juliens, ils s'efforcent de rétablir le temple que le Seigneur a maudit. Peut-on être hypocrite à ce point ! Voyez aussi leur empressement pour ces misérables schismatiques, que le Seigneur châtie avec le glaive des Musulmans. Ils n'oublient rien pour encourager leur désobéissance à leur maître. Ils invoquent en leur faveur ce qu'il y a de plus saint parmi les hommes, et le signe sacré de notre salut est proclamé par eux, comme l'étendard de la rébellion. Quelle horrible hypocrisie ! Entendez encore les paroles flatteuses qu'ils adressent aux magistrats vos prédécesseurs; comme si les d'Aguesseau, les Séguier, les Joly de Fleury, etc., pouvaient ne pas s'éclipser devant les Mangin, les Marchangy, et tous ceux qui suivent leurs glorieuses traces! Au reste, ce n'est pas la magistrature qu'ils louent dans la personne de vos prédecesseurs, mais ils préconisent dans eux leur horreur pour les lettres de cachet, et leur persévérance à soutenir ce qu'on appelle chez vous les *quatre articles*, cette pomme de discorde, jetée dans le sein de l'Eglise, par des hommes qui s'en disaient les amis, et qui n'étaient rien moins que de secrets partisans des erreurs de Calvin. L'ultramontanisme, M. Bellart, voilà la seule doctrine qu'il convient d'enseigner, aujourd'hui surtout qu'un déluge d'opinions anarchiques est sur le point de nous engloutir. Et l'ultramontanisme est-il autre chose que le jésuitisme tout pur? Je plains bien ce pauvre Bossuet, qui s'évertua, pendant vingt ans, à plaider une misérable cause. Que Dieu lui fasse grâce dans l'autre vie! foi de jésuite, je la lui souhaite, mais sa mémoire mérite d'être flétrie parmi les hommes (1). Honneur à cet éloquent député qui dans un discours plein d'onction n'hésita pas de proclamer nouveau père de l'Église, l'ecclésiastique vertueux, qui a nommé avec esprit les *quatre articles*, la

(1) M. De Maistre, dans son ouvrage *du Pape*, affirme que si Bossuet n'a pas rétracté, avant sa mort, ses sentimens sur les Libertés de l'Église gallicane, on doit désespérer de son salut. Peut-on insulter à ce point la cendre de Bossuet! ... (*Note de l'Éditeur.*)

Charte de tous les crimes! Honneur à M. Bellart, s'il associe son nom à celui de cet illustre orateur, en s'efforçant d'arrêter dans son pays, la contagion des mauvaises doctrines!

Vous n'acquerrez pas là même gloire, M. Bellart, si révétant la robe et le capuchon d'un religieux, vous prenez leur défense avec trop d'opiniâtreté. Je crains bien que le *Constitutionnel* et le *Courrier* ne vous ferment la bouche là-dessus : parce qu'enfin ces journaux n'ont jamais contesté les vertus séraphiques des religieux, mais ils ont seulement protesté contre leur état d'oisiveté. J'avoue qu'en cela, ils ont un peu raison. L'Eglise même s'est souvent rangée de cet avis. Si notre Compagnie est d'une si grande utilité, c'est parce qu'elle est éminemment active et que le repos ne saurait jamais être l'élément d'un jésuite. Et puis, je vous dirai dans l'épanchement de mon cœur, que nous n'aimons pas ces hommes qui, n'appartenant pas à notre corps, veulent cependant nous singer en quelque chose; et nos pères ne pourront jamais effacer de leur souvenir, l'insolent *mentiris impudentissimè*, qu'un capucin adressa publiquement à notre Compagnie, sans qu'aucun de nous pût lui répliquer quelque chose de raisonnable. Oubliez donc, M. Bellart, cette partie de votre Réquisitoire, pour vous attacher à des griefs plus importans. Gardez-vous, surtout, de répéter que les hommes sont libres de se *rassembler où ils veulent*, M. F.** n'opinerait pas avec vous;

et encore moins de dire, que *chacun peut prier où il lui plaît*, vous proclameriez par ces paroles, la liberté des cultes, cette grande plaie de notre siècle. Mais un sujet sur lequel vous devez bien appuyer, c'est leur sotte incrédulité touchant les miracles. Comment ferons-nous croire les étonnantes histoires que raconte notre bon père Rodriguez, s'ils refusent d'adhérer à la résurrection des mauviettes embrochées ? Montrez-vous, sur ce point, d'une foi bien robuste ; et si les raisons pour confondre vos adversaires, viennent à vous manquer, implorez l'assistance de saint Jacques Clément ou celle peut-être plus efficace encore de saint Guignard : ces martyrs vous inspireront de l'énergie, ils parleront même par votre bouche.

Je voudrais ici terminer ma lettre, mais je ne sais pourquoi une pensée pénible vient m'attrister. Mon esprit se transporte dans le lieu où doivent se discuter de si hauts intérêts, et il se rappelle que c'est là qu'ont siégé ces hommes dont la mémoire est le plus en vénération dans la France. Qui sait, dis-je en moi-même, si les juges qui sont appelés à prononcer sur une cause aussi importante, ne croiront pas honorable pour eux d'imiter la conduite de ces magistrats ? Qui sait si l'ombre de Malesherbes ne planera pas sur leur tête pour les animer de l'esprit de la vieille magistrature ? Cette idée me jette dans une affliction profonde, et elle abattrait totalement mon espérance, si le souvenir du premier son de cloche de la saint Barthélemy ne venait me rassurer (1).

Je suis avec beaucoup de respect

MONSIEUR ,

Votre très-humble et très-obéissant serviteur,

F. K. ;

Maître des Novices au Collége Romain.

*P. S.* Je vous annonce avec un vif chagrin que la vie du saint Père est en danger. On ignore la nature de son mal , quoique certaines personnes mal intentionnées l'assimilent à celle de Clément XIV.

---

(1) Plusieurs historiens assurent que la fameuse cloche de Saint-Germain-l'Auxerrois ne fit que répondre à une autre petite cloche d'argent placée dans une des tours du palais. (*Note de l'Éditeur.*)

De l'imprimerie de PLASSAN, rue de Vaugirard, n° 15.